FE
"VE MÁS ALLÁ DE LO QUE TUS OJOS VEN"

Roberto Ibarra

Reservados todos los derechos. No se permite la reproducción total o parcial de esta obra, ni su incorporación a un sistema informático, ni su transmisión en cualquier forma o por cualquier medio (electrónico, mecánico, fotocopia, grabación u otros) sin autorización previa y por escrito de los titulares del copyright. La infracción de dichos derechos puede constituir un delito contra la propiedad intelectual.

El contenido de esta obra es responsabilidad del autor y no refleja necesariamente las opiniones de la casa editora. Todas las imágenes fueron proporcionadas por la autora, quien es la única responsable sobre los derechos de las mismas.

Publicado por Ibukku
www.ibukku.com
Diseño y maquetación: Índigo Estudio Gráfico
Copyright © 2020 Roberto Ibarra
ISBN Paperback: 978-1-64086-521-1
ISBN eBook: 978-1-64086-522-8

ÍNDICE

Agradecimientos	5
Introducción: Para qué es este libro y qué vas a aprender	7
1. Testimonios	9
2. ¿Qué es la fe?	15
3. ¿Cómo trabaja la fe?	23
1. El arte de pedir	24
2. El arte de buscar	26
3. El arte de llamar	29
4. ¿Quiénes tienen fe?	33
5. Los elementos de la fe	37
6. Activa tu fe	39
1. La fe tiene el poder de sentir	39
2. La fe tiene el poder de ver	41
3. La fe tiene el poder de hablar	45
4. La fe tiene el poder de escuchar	48
7. Conclusión	51
Oración de activación	53
Acerca del autor	55

Agradecimientos

Agradezco primeramente al Señor Jesús, al cual amo y sirvo con todo mi corazón, por ser mi inspiración y el motor de mi vida. Gracias a mis padres, Juan Ibarra y Virginia Morales, por darme siempre su apoyo y cariño, ¡los amo! Agradezco a mis hermanos: Gerardo Ibarra, por ser alguien que siempre me da sabios consejos, por ser mi amigo y cómplice; a Omar Ibarra, por inspirarme a ser mejor en la vida; tienes mucho potencial y he aprendido mucho de ti. A mi hermana, Nancy Ibarra, mi única hermana: gracias por tu amor y apoyo hacia mí, por creer en el ministerio que Dios me dio; y a mis hermanos menores, Ivan y Kayler, ¡los amo! A mis pastores, Eliseo y Dalila Campos, gracias por todo el apoyo espiritual que me han dado, los consejos y aun los regaños ¡mil gracias! A la iglesia a la cual yo pertenezco, ¡mi iglesia Peniel! Y a una personita muy especial para mí, alguien a quien admiro con todo mi corazón por ser una guerrera, una sierva del Señor y sobretodo, ser esa persona que desde un inicio estuvo conmigo, desde que todo comenzó; Janet González, te quiero mucho, ¡mil gracias por ser parte de todo este proyecto! Y en especial a las hermanas Victoria y Lorena, que ya no están con nosotros; sé que desde el lugar donde están, me echan porras para seguir adelante creyendo en el Señor; tienen un lugar muy especial en mi corazón.

Introducción: Para qué es este libro y qué vas a aprender

Cuando compras algo como un mueble, lo abres y comienzas a sacar lo que hay dentro de la caja, comienzas a poner las cosas por separado como las patas del mueble, tornillos, cajones, etc; te das cuenta de que si no tienes experiencia en eso, tratar de armarlo por ti solo sería una locura y tal vez una decepción, puesto que no sabrías dónde va cada cosa del mueble; es difícil poder encontrarle pies o cabeza tan solo con imaginar cómo lo armarías. Tienes tres opciones ante este producto: Número uno, miras todo lo que este mueble trae, tratas de arreglarlo tú solo y al no poder armarlo, optas mejor por arrumbarlo todo en el garaje; número dos, miras el instructivo que éste trae cuando lo compras, que sería lo más obvio; y número tres, llamas a alguien de tu casa o a algún familiar para que te ayude a armarlo y así puedas, al final del día, disfrutar tu mueble para el objetivo por el cual lo compraste. Mi propósito con este libro acerca de la fe, no es para que te desanimes al tratar tú de ejercer este bello don que Dios nos ha dado, sino que juntos podamos ir al instructivo de éste y aprender más sobre la fe y qué dice la biblia, junto a la experiencia que tengo y que Dios y la vida me han permitido experimentar para conocer más acerca de la fe. Quiero enseñarte principios altamente importantes para que vivas una vida de fe, de acuerdo a la palabra de Dios.

1. Testimonios

Hace unos años, el doctor le dio la noticia a mi madre de que sería mamá de uno de mis hermanos menores: Ivan; solo que había un detallito, le dijeron que miraban una mancha en su pulmón izquierdo y que en cuanto naciera el bebé, tenían que meterlo a operación para poder extraerle ese tumor o "mancha" que miraban. Mi madre era una mujer llena de fe; escuchaba yo, como a eso de las 12 de la medianoche, que se metía al baño a pedirle a Dios que no permitiera que operaran al bebé, puesto que era algo muy arriesgado para él. Así lo hizo como por los últimos cuatro meses antes de que mi hermano menor naciera; la insistencia era mucha de parte de mi mamá, tanto con Dios como con los doctores que no lo iban a operar; ella decía que no y no mientras seguía orando por el bebé. Finalmente, nació el niño tan esperado y muy hermoso, lleno de vida; no lo operaron por alguna razón, pero sí le advirtieron a mi madre que tenía que hacerse la idea sobre la operación. A los pocos meses llaman a mi mamá para decirle que ya tenían fecha para la operación del bebé; mi mamá, con mucha firmeza en su corazón, les dijo que hicieran otra prueba sobre lo que habían mirado. Ellos, algo molestos al ver la insistencia de una madre para que no operaran a su hijo, lo hicieron, y para sorpresa de todos, ya no había ninguna mancha en su pulmón; Dios y la fe de mi madre habían actuado a favor de Ivan. ¡Gloria al Señor!

Estaba dando una conferencia en la ciudad de Richmond, CA, en un evento de jóvenes. Eran alrededor de 230, y mientras yo oraba por los jóvenes, escuchaba una palabra en mi corazón sobre declarar que "Dios pondría un corazón nuevo" sobre un joven que estaba en el auditorio. Solo lo declaré por fe; para mi sorpresa, uno de los jóvenes testificó al finalizar el evento que estaba enfermo del corazón y sintió cómo un fuego lo tocaba y lo sanaba. Para mi sorpresa, al terminar la reunión, el joven tomó el micrófono y testificó ante toda la audiencia lo sucedido, confirmando que era él el joven al cual Dios le estaba dando un corazón nuevo. ¡Gloria al Señor!

Mi padre, el señor Juan, debido a su trabajo pesado, nos comentaba a la familia sobre el dolor que tenía en la cintura, ya que intentó levantar algo pesado y se lastimó. Él fue con personas que sobaban para ver si lo ayudaban, pero solo se le quitaba el dolor por un tiempo y después regresaba. Una vez en la iglesia, mientras la congregación adoraba a Dios, dice él que sintió cómo alguien tocaba su cintura; él, por curiosidad, volteó a ver quién era, pero no miró a nadie. Volvió a ver hacia donde estaba el grupo de alabanza y comenzó a adorar a Dios y volvieron a tocar su cintura, pero esta vez él no volteó; simplemente dejó que eso pasara. Él comenta que sintió cómo unos dedos penetraban su cintura y que comenzaban a hacer unos movimientos como si estuvieran "tejiendo algo" en él; después de esa experiencia sobrenatural no volvió a tener dolor en su cintura y comenzó a hacer cosas que antes no podía hacer. ¡Gloria al Señor!

Y los testimonios podrían seguir si te contara los de cada persona que asiste a la iglesia, los de mi familia, todos los míos y los de amistades; no terminaría este libro.

En la iglesia primitiva este era su pan y su agua todos los días: ver milagros sobrenaturales en sus vidas por el poder de Dios y de su fe. La biblia dice: "y estas señales seguirán a los que creen" (Mateo 16:17); ¿te das cuenta? Los milagros están tan cerca de nosotros, que solo necesitamos algo que ya está dentro de nosotros y se llama "fe"; esa fe la tienes tú, solo es cuestión de usarla.

En este libro aprenderemos a cómo usar nuestra fe de una manera intencional para ver cosas sobrenaturales en nuestras vida diaria. Te cuento estos testimonios porque son los que yo he mirado y los que he escuchado. Esto no tendría validez si yo me lo inventara o solo te contara algo de alguien más; quiero que sepas que lo que lees aquí es verdad y que todos tenemos acceso al poder de Dios, así que ¡comencemos esta aventura!

"Cada vez que testificas sobre Jesús, lo que en realidad estás diciendo es que él está vivo y su poder está disponible para aquellos que lo necesitan".

2. ¿Qué es la fe?

Estoy seguro de que muchos de nosotros hemos escuchado la expresión "vivir por fe" y, si eres como yo, así de curioso, te preguntarás: ¿qué es la fe? Bueno, déjame ponértelo en estas palabras: tú compras un boleto de vuelo a Europa, estás listo, te subes al avión, te pones tu cinturón y la azafata te dice en cuánto tiempo vas a llegar a tu destino y también te dice a cuántos pies de altura estarás volando; tú coges tus audífonos, pones tu mejor música o podcast y disfrutas el vuelo. Te pregunto: ¿tú conoces al piloto que te llevará a tu destino? ¿Alguna vez has hablado con él? Me imagino que la respuesta es un rotundo NO. La mayoría de nosotros nos subimos al avión y solo tenemos la certeza de que llegaremos a nuestro destino; así es la fe, es saber que en la vida tú pasarás por circunstancias tanto buenas como malas, pero que a pesar de eso, saldrás con bien de esas situaciones.

La biblia define la fe en Hebreos 11:1 como: "Es, pues, la fe la certeza de lo que se espera, la convicción de lo que no se ve". Fe es la palabra hebrea "Emuna" que significa firmeza, seguridad, fidelidad, reino, veracidad, honradez y lealtad; todo esto describe la naturaleza misma de Dios.

Quiero que comprendas algo: Nosotros no tenemos un espíritu; nosotros somos espíritu y por lo tanto, nosotros nos movemos en dos ámbitos: en el ámbito natural y en el ámbito espiritual; por eso tenemos la habilidad de usar la fe. Si Dios no hubiera querido que utilizáramos la fe, entonces no nos hubiera dado este bello recurso como la fe para poder manifestar las cosas espirituales en el ámbito terrenal o material. Cuando un enfermo se acercaba a Jesús para ser sanado, lo primero que Jesús preguntaba era: "¿tienes fe?"; ¿por qué? porque si una persona quiere recibir algo del cielo, tiene que tener algo para poder comprar; por ejemplo, cuando tú vas a un país, digamos México, y estás viajando desde los Estados Unidos, te das cuenta de que vas a tener que cambiar tu dinero a pesos para que puedas comprar, puesto que necesitas usar la moneda de dicho país. Lo mismo es en el reino de Dios: tú y yo podemos comprar solo con la moneda fe; la fe nos permite cruzar esa línea del ámbito natural al ámbito espiritual.

¿Por qué muchas personas no reciben un milagro? ¿por qué hay personas que no obtienen aquello que desean? porque no hay fe en sus corazones. Jesús tenía que ver si realmente ellos creían en su corazón para poder recibir algo del ámbito espiritual. Nosotros, como seres humanos, vivimos en una realidad de materia, de tiempo y espacio; si una persona está enferma, su realidad es esa enfermedad; si esa persona no conoce el ámbito de la fe o mundo espiritual, esta persona está atada solo al ámbito material, pero si alguien con ámbito de fe llega a su vida a demostrarle que hay otra realidad, esta persona se expone a lo sobrenatural de Dios. En otras palabras:

la realidad de nosotros no es la realidad de Dios.

Nuestra realidad está limitada a nuestro entorno económico, espiritual, social, a la enfermedad, la tristeza, etc... En el ámbito de Dios, o espiritual, no hay nada de eso; la realidad que Dios tiene es diferente y para nosotros manifestar eso, debemos usar la fe que Dios nos ha dado. El problema del hombre y de la mujer de este tiempo es que han sustituido la fe de Dios por la medicina, la psicología y otras cosas terrenales que no digo que son malas, sino que no estamos haciendo la voluntad de Dios de usar la fe.

Miremos lo que dice Hebreos 11:1 en esta versión de la palabra de Dios para todos: "Ahora bien, fe es la realidad de lo que esperamos; es la prueba palpable de lo que no se puede ver". Muchas personas batallan con el tema de la fe y se frustran porque de alguna manera no se les son concedidas las cosas en el momento que ellos lo desean, y la realidad es que esta palabra es tan poderosa que no quiere que la uses para un "futuro", o sea, fe es AHORA; quiere decir que si tienes fe, ya lo recibiste y se manifestará en el momento preciso en tu vida. La fe tiene que ver con el ahora, no es para mañana. Tú lo ves hoy, en este momento, y comenzarás a ver aquello que ya miraste a través de la fe. Si lo dejas para el futuro, tal vez nunca llegue; tienes que empezar a ver, sentir, oír, palpar eso que tú quieres ver manifestado ya.

Cuando tienes la habilidad de creer en algo, estás creando para ti una realidad nueva. ¿Qué quiere decir eso? que de alguna manera traspasarás el tiempo del mundo natural al mundo espiritual y entonces habrá un aceleramiento en aquello que estás esperando. En sí, fe es una garantía de lo que tú estás esperando; es como cuando vas a un restaurante a ordenar comida y tú te sientas, el mesero llega a tu mesa y te presenta el menú, tú lo miras y entonces pides lo que tú quieres y el mesero te dice: "enseguida llega su orden". Dime tú, si ya ordenaste, ¿te vas a parar más de una vez y decirle al mesero: "mesero, ¿dónde está mi comida?" o "mesero, vuelvo a ordenar"? El mesero te va a mirar con cara de "este tipo está loco, le acabo de tomar su orden". Así mismo es con la fe; una vez que tú creas para tu milagro una puerta abierta, un milagro financiero, entonces es cuando Dios actúa a través de tu fe y se manifiestan las cosas a tu favor.

Testimonio personal: Salía tarde del trabajo a mi casa, llegaba tan cansado que ya no podía ir al gimnasio a hacer ejercicio, y recuerdo que estaba en el patio de mi casa donde miraba un espacio algo grande y decía: "aquí, en este espacio, quiero tener mi propia caminadora", y cada vez que pasaba por ese lugar, decía: "aquí voy a tener mi propia caminadora" y cada vez me la creía más y visualizaba mi propia caminadora ahí. Un día, un compañero de trabajo me dijo: "Roberto, ¿me acompañarías a mi casa a mover unos muebles? Estoy a punto de cambiarme de casa y estoy donando y tirando muebles". Cuando llegamos a su casa, para mi sorpresa, lo primero que miré justo al abrir la puerta fue una caminadora profesional, con bluetooth incluido, seminueva. Claro, no pensé nada más, solo la miré y en cuestión de minutos, sin que mi compañero supiera lo que yo estaba esperando a través de mi fe, me dijo: "¿Te gustaría llevarte esta caminadora a tu casa? Se la compré a mi hijo porque es deportista, pero ya no la usa; está seminueva". Dentro de mí, dije: "WOW, no pensé que se fuera a dar tan rápido". Justo unos días antes de que mi compañero me dijera eso, estaba yo por buscar en internet para ver cuánto costaban. Al siguiente día ya tenía la corredora en mi casa, esperándome para hacer ejercicio. ¡Gloria al Señor! Algunas veces "tu orden" tomará algo de tiempo, pero qué importa, lo importante es que estará en camino. Entonces, fe es una garantía de aquello que estás esperando, de aquello que tú ya "ordenaste" y no importa si tarda, sabrás que se estará "cocinando" y el mesero estará de vuelta con tu orden. Con esto no estoy diciendo que Dios tiene que hacer todo lo que tú pidas, más bien estoy diciendo que cuando actuamos con fe, Dios se agrada de eso, pues con esto le demostramos al Señor que nosotros caminamos por fe y no por vista.

"Fe es tener algo por adelantado sin haberlo tenido físicamente".

3. ¿Cómo trabaja la fe?

La fe trabaja simplemente desde tu interior; la fe es aquello que tú eres, o te conviertes en este momento al hacer esa declaración para tener eso que deseas obtener. No tengo el secreto para decirte en sí cómo funciona porque la realidad es que es un "misterio". Cuando un enfermo se acercaba a Jesús, éste solo preguntaba: ¿tienes fe? O sea que, para tú y yo poder descargar aquello que estamos pidiendo al Señor, solo debemos creer. Pero sí tengo algunos principios de reino que nos ayudarán a entender cómo caminar en fe.

Mateo 7:7, dice:

7 Pidan, y Dios los atenderá; busquen, y encontrarán; llamen, y Dios les abrirá la puerta.

8 Pues todo el que pide, recibe; y el que busca, encuentra; y al que llama, Dios le abrirá la puerta.

9 ¿Quién de ustedes, si su hijo le pide pan, le dará una piedra?

10 ¿O si le pide pescado, le dará una serpiente?

11 Pues si ustedes, que son malos, saben dar cosas buenas a sus hijos, ¿cuánto más el Padre que está en los cielos se las dará también a quienes se las pidan?

1. El arte de pedir

En nuestras culturas latinoamericanas nos enseñan a nunca pedir, porque de alguna manera eso te hace ver como una persona necesitada, alguien que de alguna manera está en escasez. Creo que, conforme va pasando el tiempo y la revelación de la palabra de Dios, nos damos cuenta de que a Dios le agrada que le PIDAS. ¿Cómo vas a obtener algo sin pedirle? En mi cultura mexicana, cada persona corría a pedir favores a los amigos, parientes y compadres. No es malo pedir; Dios nos insta a pedirle a Él, ya que él es el dador de la vida. Si no sabes cómo pedir, pide al Señor sabiduría para hacerlo, para saber acercarte a él. Dios no se enoja por que pidas, al contrario, se molesta porque no pidas. ¿Cómo se sentirá tu padre biológico al saber que le pides a otra persona para alguna necesidad tuya? Él seguramente dirá: ¿por qué le pides a otros? ¿a caso no soy yo su padre? Así Dios dice en esa versión: pidan y Dios los atenderá.

¿Qué fue lo último que le pediste a Dios? ¿Algún milagro? ¿Dinero? ¿Alguna oportunidad de trabajo? ¿Hijos? ¿Un riñón nuevo? Una vez, recuerdo que fuimos a una iglesia en México con una tía mía. Mientras íbamos subiendo las escaleras para llegar a la iglesia, me dijo: pídele a Dios lo que quieras menos dinero, porque él no quiere que pidamos eso. Yo me quedé con ese pensamiento en mi corazón; ¿será posible eso? Dice la biblia que de él es el oro y la plata. Cuando no tenemos revelación de quién es Dios, es ahí donde le ponemos un LÍMITE a nuestra FE; quítale los límites a Dios, él está dispuesto a ayudarte, solo tienes que acercarte a Él.

2. El arte de buscar

En mi casa siempre, mis hermanos y yo, perdíamos cosas y mi mamá siempre nos decía: búsquenlo, porque si no lo encuentran, así les va a ir; jaja, qué recuerdos. Al final terminábamos encontrando las cosas. ¿Por qué? porque de alguna manera ya sabías lo que podía pasar. Creo que todos nosotros hemos perdido algo y diligentemente nos dedicamos a buscarlo. Buscar tiene que ver con esa disciplina de actuar y buscar hasta encontrarlo. Dios nos manda a tener nuestra fe con obras, porque si no esta fe es muerta; o sea, cuando tú pides algo, es tiempo de accionar. Míralo de esta manera: Tú no plantas un árbol para no verlo; cuando tú lo plantas, esperas el proceso de desarrollo y con esto tú trabajas en ello; le pones agua, lo podas y así sucesivamente. Cuando pides un trabajo al Señor, no solo lo pides, también vas a buscar esa oportunidad y cuando buscas, es un acto de fe; ¿por qué? porque le estás creyendo al Señor. Por algo muchas personas se frustran, porque dicen: yo no veo resultados. Ahí está el detalle; quieres ver todo primero y si lo ves físicamente, ya no es fe. Fe es aquello que no ves (con tus ojos físicos), pero recuerda, ya tienes la garantía en ti de aquello que vas a recibir, entonces sales confiadamente a buscar eso que necesitas. Siempre que salgas a buscar algo, asegúrate que ya vas listo para recibirlo, si no, ¡no salgas a buscarlo!

Anécdota: un hombre se le acercó a unos campesinos y les pregunta:

—¿Qué están haciendo?

—Estamos orando por lluvia —responden ellos.

El recién llegado mira a cada uno y gira la cabeza de un lado a otro.—NO —les dice—, no les creo.

—Por supuesto que estamos orando —dice el primer agricultor—, estamos de rodillas suplicando por lluvia. Mire alrededor, vea la sequía; ¡no hemos tenido lluvia en más de un año!

El forastero continúa negando con la cabeza, diciendo que sus esfuerzos no darán fruto.

—Necesitamos lluvia —dice el segundo campesino—; no estamos pidiendo solo para nosotros, sino para nuestras familias y nuestro ganado.

El hombre los escucha y sigue moviendo la cabeza, diciendo que no está impresionado.

—Ustedes están perdiendo su tiempo —les asegura el hombre.

El tercer agricultor, entonces le pregunta:

—¿Qué haría usted si estuviera en nuestro lugar? —le dice enojado al hombre.

—¿Quieren de verdad saberlo? —les preguntó el visitante.

—Sí, queremos saber —le respondieron los tres campesinos al mismo tiempo—. El futuro de nuestras tierras de labranza está en juego.

—¡Yo hubiera traído una sombrilla! —contestó el extraño.

Si no estás dispuesto o alineado a recibir aquello que estás buscando, no lo busques, que no lo vas a encontrar. Asegúrate de estar alineado con aquello que deseas; si vas a orar, ve seguro que Dios te escuchará; si vas a buscar trabajo, ve preparándote mañana mismo para ir a trabajar; si estás esperando un milagro, ¡ya lo tienes! ¡créelo!

3. El arte de llamar

Considero que todos nosotros tenemos familia que tiene un nombre, y ¿cuál es el propósito del nombre? que, cuando llames a esa persona en específico, responda a tu llamado. ¡Lo que tú le estás pidiendo al Señor tiene un NOMBRE! No seas demasiado humilde para pensar "es que lo que estoy pidiendo es mucho o muy poco". Llama las cosas como son. ¿Qué estás pidiendo? ¿La salvación de alguien? ¿La sanidad tuya? ¿Algún don en específico? ¿Quieres profetizar? ¿Predicar? ¿Orar por los enfermos? ¿Quieres ser millonario? ¿Quieres tener ese trabajo? ¿Cuál es? ¿Qué posición es? A Dios le gusta tu sinceridad. Una de las cosas que tenemos nosotros los latinoamericanos es que "cantinfleamos" mucho; o sea que como dices una cosa dices otra, o ¿cómo es? Jajaja.

Te lo pongo de esta manera: Un día estaba platicando con mi tío Guillermo; estaba yo en su casa en el estado de Oregón. Él ya tiene su propia casa, la pagó al contado. Hablando yo con él y su bella familia, les decía que cómo fue que consiguieron esa casa; para eso me contestó mi tío:

—Hijo, cuando tú tienes fe, tú puedes pedirle al Señor lo que sea. Mi familia y yo le pedimos al Señor una casa "viejita", una casa donde nosotros mismos la reparáramos y pudiéramos diseñarla a nuestro gusto, y así nos la concedió el Señor. La casa que compramos estaba muy vieja y desgastada; nosotros, cuando la miramos, dijimos: esto es lo que el Señor tiene para nosotros.

Me enseñaron fotos de la casa de antes y después, y efectivamente la casa era un desastre y ellos la remodelaron muy bonita.

Cuando pidas al Señor, llama aquello por su nombre y vas a ver que Dios te dará aquello que pides, no aquello que no quieres recibir.

Dios está dispuesto a bendecirnos, solo necesitamos seguir estos principios de reino. Pide, busca y llama, porque al que pide, Dios le da; al que busca, encontrará y al que llama, se le abrirá la puerta.

"Deja que la fe trabaje para ti, no la cuestiones".

4. ¿Quiénes tienen fe?

Un día fui con unos amigos a Six Flags, un parque de atracciones en la ciudad de Vallejo, CA. Recuerdo que nos queríamos subir a todos los juegos y pasar un día muy divertido en compañía de todos. Mientras íbamos recorriendo los juegos, me di cuenta de que no todos podían subirse; necesitaban una medida requerida para subir a dicho juego. Podía ver a algunos niños -adolescentes que no podían subir a los juegos debido a que no daban la medida para poder pasar.

La biblia dice que todos nosotros tenemos una medida de fe.

Romanos 12:3, dice: "Cada uno conforme a la medida de fe que Dios repartió".Cuando hablamos de medidas, estamos hablando de un grado o dimensión de fe que posees. Muchas personas dicen "yo no tengo fe"; la realidad es que todos tenemos una medida de fe. Tal vez muchos no la saben usar; para esto es este libro, para que te ayude a comprender que dentro de ti está esa palabra llamada fe, y que tienes que descubrirla y saberla usar a tu favor. Todo en la biblia está relacionado a la fe, y cuando tienes fe, esto te lleva a la acción. Los dones están relacionados a la fe; ¿cómo irás a orar por un enfermo si no tienes fe? Algunas personas todavía creen en la suerte y dicen: ¡qué bien! ¡hoy sí tuve mucha suerte! No es suerte, la realidad es que todos tenemos fe, la diferencia es que todos en una medida diferente. Algunas personas creen que tienen fe para una casa, y comienzan a hacer planes para diseñar y hacer su casa. Bueno, esa es tu fe, otras personas tienen fe para ir a la universidad y sacar un título u otros dicen: "yo voy a llegar a ser el próximo presidente de la nación"; bueno, esa es tu fe. Hay cosas en las que tengo fe y las cosas me salen bien, y otras cosas que pido y se me conceden, pero recuerda, todo es por la fe que tú tengas; tal vez yo no tengo fe para ser el próximo presidente de la nación, pero sí para ser el conferencista que más influencia tenga en este tiempo, para inspirar a esta generación a conocer a Dios y a predicar su palabra. ¿Te das cuenta de que un niño tiene fe al pedirle a su papá una paleta y solo con pedir, él sabe que se lo van a dar? Tienes fe para ir a trabajar todos los días, pero ¿no tienes fe para creer que Dios te puede bendecir? La fe es completa; tú crees que mañana despertarás para ir a hacer aquello que no terminaste hoy, pero no crees que Dios puede suplirte algo básico de la vida cotidiana. La fe está relacionada con la confianza. ¿Has escuchado esa expresión: "confío en ti hasta con los ojos cerrados"? literalmente la persona está confiando su vida a otra persona. Si no te relacionas con Dios, ¿cómo le tendrás confianza para ayudarte? ¿Acaso no dice la biblia que de Jehová es la tierra y su plenitud? ¿El mundo y los que en él habitan? (Salmos 24:1).¡Tienes que comenzar a usar tu fe hoy! Pedro no sabía que tenía una fe grande, hasta que escuchó al Señor decirle: "ve", y Pedro salió de la barca. Te aseguro que él no se hubiera bajado de la barca si no le hubiera tenido confianza al Señor. A Dios no le interesa cuán grande es tu fe, él solo quiere que la uses para que él pueda "lucirse" en tu vida. Cuando tú y yo juntamos nuestra fe con la de Dios, nuestra fe se convierte en una fe SOBRENATURAL; esto quiere decir que empiezas a caminar por encima y más allá de las circunstancias. Pedro comenzó a caminar sobre las aguas, ¿por qué? porque juntó su fe con la de Dios. Es tiempo de caminar también por encima del agua; esto representa nuestros problemas, ansiedades, tristezas; ¡ten fe! Dios te va a ayudar a salir de todo eso y te llevará a lugares mejores. Para Dios no es ningún problema bendecirte, él solo quiere que tengas fe. Cuando venga el hijo del hombre, ¿hallará fe en la tierra? Yo espero que sí, por eso estoy escribiendo este libro, para preparar a una generación que crea, ¡que active su fe para cosas grandes!

"La fe está adentro de ti, ¡úsala!"

5. Los elementos de la fe

Hay un programa muy conocido en el mercado americano, hoy conocemos ese programa por el hecho de que está traducido al español. Este programa se llama "A prueba de todo" y te enseñan cosas básicas y algunas complicadas para poder sobrevivir en el desierto en caso de que tú algún día te encuentres en una situación similar. Entre las cosas que este personaje enseña, es cómo mantenerte hidratado cuando no tienes agua; este personaje usa su propia pipí u orina y la pone en una botella, la entierra en el piso para que se pueda hervir y después la cuela con un trapo. ¿No es interesante? Puedes aprender todo eso y más. De alguna manera esta persona te enseña ciertos componentes para sobrevivir aun cuando no tienes nada; ¿y a todo esto, qué tiene que ver con la fe? Te explico:

en la vida muchas veces pasamos por situaciones muy difíciles donde nadie nos enseña a cómo "vivir por fe y ver más allá de lo que nuestros ojos ven" ¿por qué ? porque, para empezar, no sabíamos que teníamos fe; muchos no saben hasta que de verdad no tienen otra opción mas que usarla. No es lo mismo usar algo por "emergencia" que usarlo porque tienes el conocimiento apropiado. La fe no se trata solo de decirlo, ¡es realmente vivir por fe! Esto quiere decir entonces que necesitamos saber qué tipos de componentes tiene la fe para que, cuando estemos en una situación en particular, podamos usarla.

6. Activa tu fe

1. La fe tiene el poder de sentir

Ya sé, ya sé; estarás pensando que estoy loco. Tal vez sí, pero un loco que sabe traer el reino de Dios a la tierra. ¿Cómo se hace eso? a través de la fe. Recuerda que todo lo que la Biblia enseña es por fe y para fe. Quiero que veas conmigo esto: ¿cómo te sentirías si te dijera que imagines esto: cómo es la textura de un limón? Bueno... un limón es áspero, de un color amarillo muy hermoso; si lo hueles, tiene un olor muy fresco y un poco agrio a la misma vez. Quiero que tú veas ese limón en tus manos y me digas cómo se siente; ahora quiero que tomes ese limón y lo partas a la mitad, y toma una mitad y exprímelo en tu boca; ¿qué sientes? ¡Te aseguro que se te hizo agua la boca! Tan solo por haberlo puesto en tu mente, de alguna manera lo sentiste tan real que hasta cerraste tus ojos. Si pudiéramos ver las cosas espirituales así, todo sería diferente. La fe atrae esas cosas en las cuales tú te enfocas y sientes. Por ejemplo, si estás enfermo, ¿puedes sentir tu sanidad por fe? ¿Sabes que para poder ser sano, primero necesitas creerlo con todo tu corazón y esto conlleva el sentirlo desde ya? ¿Puedes sentir cómo el Señor te prospera? Y tal vez tú dices: "es que ahorita todo a mi alrededor va mal, cada día me despierto y hay más de eso que no quiero ver y eso me hace sentir pésimo". Bueno a partir de hoy necesitas cambiar eso; toma la autoridad divina que tienes para empezar a sentir el poder de Dios sobre tu vida. Acuérdate que la realidad del cielo no es la misma que la de la tierra, la realidad de la tierra es pasajera, pero la del cielo está por encima de eso y ¡más allá! Así que comienza a cambiar la atmósfera de tu vida, casa, trabajo y comienza a sentir aquello que ya quieres atraer a tu vida. Una vez que consigas cambiar ese sentimiento en ti, ve a la acción que necesitas hacer para que eso pase, porque si ya conseguiste cambiarlo a través de la fe, seguro lo vas a atraer a tu vida; tendrás más claridad en aquello que quieres alcanzar. Recuerda, cuando vives por fe, en realidad estás viviendo en otra dimensión que las personas incrédulas y materialistas no entienden.

2. La fe tiene el poder de ver

Génesis 12:2, dice: "y haré de ti una nación grande, y te bendeciré y engrandeceré tu nombre, y serás bendición". Qué poderosa palabra profética recibió el padre de la fe, Abraham; un hombre común y corriente con los quehaceres del día a día y con seguridades e inseguridades. O sea que Dios vio en él un potencial para poder hacer sus planes presentes y futuros. ¿Sabes que cuando Dios te habla, en realidad lo que él está haciendo es trabajar tu medida de fe? porque siempre que recibes algo de parte de Dios, lo haces con una medida de fe. Por decirlo de alguna manera, tu nivel de fe dentro de una escala del 1 al 10 puede ser 1, pero a medida que Dios te va mostrando sus planes y tú ves que lo que él te habla es cierto, al final de esa temporada de proceso para recibir tu promesa de parte de Dios, te aseguro que cuando obtengas aquello que Dios te habló, tu fe ya no estará en el nivel uno, ya habrá subido a una escala de 5, ¿por qué? porque habrás comprobado que lo que el Señor te habla, él lo cumple. Entonces, ¿a dónde voy con esto? ¿A qué me refiero con que la fe tiene ojos? Recuerda que la fe es "la garantía de lo que se espera"; o sea que primero, antes de tu obtener aquello de lo que Dios te está hablando, que te va a dar o va a hacer contigo, ¡tú ya tuviste que haberlo mirado primero a través de la fe! Así es como funciona: si tú tienes la capacidad de verlo antes de obtenerlo, por seguro ya es tuyo. En Dios las cosas primero son por fe, tienes que verlo con tus ojos espirituales primero; Abraham tuvo que verlo primero a través de sus ojos espirituales. Pidámosle al Señor que abra nuestros ojos; debemos ver aquello que Dios nos quiere dar con los ojos de la fe. Con el tiempo, con los días, con los meses o años, vamos a verlo con nuestros propios ojos de carne. Si realmente quieres agradar a Dios, tienes que hacerlo a través de tu fe.

Un día, una persona me invitó a su casa y me pidió que orara por ella porque se sentía muy mal. Me dijo que ya tenía días así y que quería poner su salud en las manos del Señor. Entonces fui con un grupo de jóvenes y cuando llegué a su casa, me explicó en sus propias palabras cómo se sentía. En ese momento le dije: "vamos a orar"; y le pedí que me diera su mano. En cuanto mi mano tocó su mano, el Señor me mostró la condición en la que se encontraba esta mujer en el momento, y pude ver cómo una potestad o demonio estaba tomando su vida y su salud. En ese momento el Señor me dijo: "dile que cambie la atmósfera espiritual a través de alabanza y adoración, y ese potestad se irá". Aclaro que yo no sabía nada, pero el Señor, que conoce todo, me lo mostró por misericordia para que ella fuera libre de eso. Después le declaré a la mujer lo que el Señor me mostró; una vez acabo yo de contarle lo que miré, ella quedó sorprendida. Muchas de las cosas espirituales y aun materiales, puedes verlas a través de la fe, solo es cuestión de comenzar a practicarlo; pídele a Dios que te dé ese discernimiento para poder ver aquello que Dios te habla y lo que él quiere que tú veas. Es tiempo de comenzar a ver aquellas cosas buenas y positivas, a ver más allá de lo que nos rodea; donde tú veas pobreza, comienza a ver riqueza; donde tú veas enfermedad en tu vida o en la de alguien más, comienza a ver abundancia de salud; donde veas dolor físico a través de tu fe, comienza a ver salud y prosperidad. Como seres humanos estamos tan programados a ver solo lo MALO de las cosas, vemos lo malo en las personas, en las cosas que poseemos, en el trabajo, en la familia; ¿cuándo comenzaremos a ver con fe todo aquello que queremos manifestar? Para todo esto necesitamos quitar ese viejo chip de tradiciones familiares o de la sociedad que nos han implantado en nuestras mentes. ¡Es necesario cambiar nuestra manera de pensar! La biblia dice que ya no tenemos la mente del mundo, ahora tenemos la mente de Cristo. Por eso, Cristo podía sanar a aquellas personas enfermas, porque tenía una mentalidad diferente a la de este mundo, una mentalidad que iba en contra de lo que la sociedad enseña. Él podía ver las cosas que no estaban como si ya estuviesen. Pidámosle a Dios que nos dé una mentalidad diferente y mayor a la que la sociedad nos quiere implantar; si hacemos esto, cambiaremos nuestro entorno, nuestras vidas y sociedad.

3. La fe tiene el poder de hablar

La fe está en nosotros y se mueve a través de nosotros; o sea de ti y de mí. La fe por sí sola no funciona hasta que tú la pones en práctica. Uno de los componentes poderosos de la fe es el hecho de hablar y decretar aquellas cosas que todavía no tenemos o no las hemos mirado con nuestros ojos físicos. Hay un poder sobrenatural cuando hablamos con fe. ¿Qué hablas tú cuando estás enfermo? ¿Cómo hablas tú cuando no tienes trabajo? ¿Cómo te expresas cuando te miras en una situación delicada? Conozco personas que son netamente incrédulas, malhabladas y que siempre están maldiciendo todo lo que tienen a su alrededor. La biblia en Proverbios 18:21, dice: "la muerte y la vida están en el poder de la lengua y el que la ama, comerá de sus frutos". O sea, todo lo que tú y yo hablamos, para bien o para mal, va a atraer frutos. Sabemos que hay frutos buenos y otros malos, entonces ¿qué tipo de frutos estás comiendo hoy? En pocas palabras, cada vez que hablamos algo sobre alguna situación de nosotros es como estarnos profetizando eso, bueno o malo. Creo que para la mayoría de las personas esto no es un secreto, pero la realidad es que no lo practicamos. Las palabras van formando ese camino a nuestro futuro; si te la pasas diciendo sobre tu vida que eres un tonto, un aburrido, un perdedor o alguien que no sirve para nada, créeme, aunque lo digas bromeando, esto se hace una realidad en tu vida. ¿Por qué? porque yo lo veo de esta manera: tú vives en una atmósfera personal; por ejemplo, hay personas que siempre viven de mal humor, por todo se enojan, por todo se quejan; si siempre están en esa "atmósfera" lo veo como que eso es una tierra y en esa tierra tú hablas qué tipo de frutos quieres que te dé; para eso tienes que ver la semilla, ¿qué tipo de semilla vas a sembrar?

Cuando esta persona se está declarando todo lo malo, mientras pasan los días te das cuenta de que en una tarde le llaman para decirle que tiene una enfermedad, o que le chocaron el carro, o poquito peor, que se quedó sin trabajo. ¿Por qué? porque es el tipo de "semilla que estás sembrando en tu atmósfera" y esto te comienza a seguir, por no decir que ya lo tienes contigo.

Yo he tenido que cambiar mi manera de hablar en su totalidad aunque las cosas no estén saliendo como yo quisiera, pero sigo teniendo fe en que las cosas van a cambiar o a mejorar. Ojo, la fe no niega la realidad, pero es mejor hablar palabras de fe, poder, sanidad, prosperidad, a estar hablando palabras negativas, de muerte o pobreza. Es tiempo de cambiar nuestra habla; hoy mismo comienza a proclamar algo diferente y nuevo sobre ti y vas a ver que todo cambiará. Seamos sabios para hablar y que cuando las personas se acerquen a ti, siempre se lleven ese buen sabor de boca que tiene una palabra de aliento para ellos.

4. La fe tiene el poder de escuchar

¿Te ha pasado que tienes alguna idea muy creativa para algún negocio, familiar o algo personal, que tú dices "ésta es la mejor idea de mi vida", y poco a poco comienzas a tratar de ver la manera de cómo hacerlo realidad? pero, ¿qué ha pasado? ¿por qué te desanimaste? Bueno, como seres humanos nos encanta tener la aprobación de otras personas para sentirnos con la seguridad de avanzar en dicho proyecto. Si a las personas de tu entorno les gusta la idea, pues lo sigues haciendo, pero si te dicen que no, que eso es una pésima idea, te aseguro que te entristeces o les das la razón y que, eso que tú pensaste que era una grandiosa idea, al final terminas convencido de que no lo fue. La biblia dice que la fe viene por el oír y el oír la palabra de Dios; a lo que a esto se refiere es que cuando oímos constantemente la palabra de Dios, ¡nuestra fe va a otro nivel! Si no, preguntémosle a David, cuando él sabía que podía derrotar a un gigante porque ya sabía que el Señor lo ayudaría; o preguntémosle a Pedro, quien salió de una barca caminando en el agua porque escuchó una palabra de parte de Jesús que le dijo: "ven".

¿Tú crees que eso pasó así nada más? No. Ya había un entrenamiento en sus oídos; ya estaban entrenados para escuchar la palabra de Dios, sus promesas, sus palabras de fe. Aquello que más te expones a escuchar es en lo que te conviertes. Recuerda, la fe está dentro de nosotros y ésta se hace más fuerte cuando la alimentas de las cosas espirituales, como la palabra de Dios, la fe, la oración, los cánticos espirituales. ¿Qué es lo que tú estás escuchando? ¿Con quién te estás juntando? Se dice que nosotros somos el reflejo de las primeras 5 personas con las que más nos juntamos. Tienes que tener cuidado con lo que escuchas; eso determinará tu camino en la fe. No cuentes todo lo que se viene a tu mente o aquellos sueños buenos que hay en tu corazón; no esperes la aprobación de todos, aun de tu propia familia, porque no todos entenderán lo que hay en tu corazón, por muy bueno que sea. Solo confía en Dios y recuerda que solo él puede ayudarte y animarte. Las palabras tienen tanto poder, que éstas ayudan a tu fe a ser grande o débil. Alimenta tu fe de cosas que te motivarán a crecer, a ensanchar tu territorio espiritual, familiar, negocio o personal. Bájale el volumen a esas voces negativas; al final, verás que el haberle hecho caso a tu sueño o a esa idea brillante, fue mucho mejor que haber escuchado esas voces negativas.

"Recuerda: la fe siente, ve, habla y escucha".

7. Conclusión

La fe es toda una aventura en el Señor, porque de Él se origina la fe; la Biblia dice que Él es el autor y consumador de la fe (Hebreos 12:2).

A través de este libro, te he explicado cómo es la fe y cómo funciona para que tú puedas ejercerla. Cuando sabes que tienes fe, es como aquel policía que sabe que tiene un arma y que con ésta se puede defender en cualquier momento; solo es cuestión de usarla. Lo mismo es con la fe, nunca sabrás cuán grande es tu fe si no te arriesgas a usarla; en otras palabras, muchas veces vas a tener que perder la reputación por usar la fe. Las personas estamos acostumbradas a estar en esa maldita zona de confort, esa que te hace sentir bien, esa zona que hace que no avances, ese lugar que te dice "así como estás, ESTÁS BIEN"; eso es una VIL MENTIRA. ¿Por qué una persona que tiene sobrepeso no se anima a ir a un gimnasio? porque piensa que en cuanto entre a ese lugar, los ojos de todos estarán puestos en él y eso le baja el autoestima. Así es el miedo; te acorrala de tal manera que te quedes estancado, atado y sin poder moverte; así pasarán el tiempo, los meses y toda la vida, y nunca alcanzarás aquello a lo cual estás destinado.

Te ha tocado ver en las fiestas, cuando se abre la pista, que la gente comienza a bailar y están disfrutando de ella, y alrededor de la pista hay varios hombres queriendo bailar con alguna chica que se les hizo atractiva, pero solo se quedan mirando, no hacen nada, solo la miran, lo piensan, y ya cuando acabo la fiesta, dicen: "¿por qué no lo hice? ¿por qué no me animé? era mi oportunidad" ... y para tratar de consolarse, se dicen dentro de sí: "para la otra, me animaré" y, ¿sabes qué? No hay otra vez, ese momento ya se fue y no regresará. En este momento te digo, mientras escribo este libro: tener fe es tener el coraje de ir por lo que quieres; ¿tú tienes fe? entonces ve y has que las cosas sucedan. Jesús nunca dijo: "mañana lo haré, mañana te sano, mañana te doy la vista, mañana te ayudo"; recuerda, ¡la fe es aquí y ahora! Tienes todo lo que se necesita para triunfar en esta vida, ve y conquista hoy.

"La fe es hoy; ve y conquista hoy".

Oración de activación

Padre, en el nombre de Jesús, te pido que este libro despierte en cada lector esa fe que está apagada, empolvada o muerta; te pido que actives la fe de cada uno de ellos para creerte y así, en tu nombre, hacer cosas grandes; te lo pido en el nombre de tu hijo amado Jesucristo, amén.

Acerca del autor

Actualmente el evangelista, conferencista y autor Roberto Ibarra, se dedica a inspirar a los jóvenes de su ciudad y toda el Área de la Bahía a tener un encuentro con Jesús a través de campanas, congresos, conferencias y eventos de jóvenes. Su misión de vida es preparar una generación que le crea a Dios como salvador, proveedor y como el único que puede darle sentido a tu vida en cuanto a tu propósito en esta tierra. Roberto Ibarra es miembro activo en la iglesia Peniel, con los pastores Eliseo y Dalila Campos.

Redes sociales
Instagram @robertoibarram
Fan page: Roberto Ibarra
Youtube: Roberto Ibarra
Spotify: robertoibarra_EXPERIENCIASOBRENATURAL
Contacto: robertoibarraministries@gmail.com

www.ingramcontent.com/pod-product-compliance
Lightning Source LLC
LaVergne TN
LVHW021738060526
838200LV00052B/3335